Loi numéro 49 956 du 16 juillet 1949 sur les publications
destinées à la jeunesse : mars 2001
Dépôt légal : mars 2001
Imprimé en France par Mame Imprimeurs à Tours
Flashage numérique CTP (n° 01022269)

Stephanie Blake

Mic le porc-épic

l'école des loisirs
11, rue de Sèvres, Paris 6e

À Célapê, un pays au nord de Cétocilapê
et à l'est de Yapalagaire, la guerre n'existait pas.
Un peu au sud de Célapê, au-dessus d'une petite rivière,
vivait un petit porc-épic du nom de Mic.

Chaque jour,
Mic le porc-épic grimpait tout en haut d'une colline
et s'allongeait à l'ombre d'un vieux chêne.
Il restait là pendant des heures,
à sentir le parfum des fleurs, et il se sentait
parfaitement heureux.

Un jour, Alain et Corentin, deux frères lapins, vinrent à passer.
« Salut, Mic ! Ça ne te dérange pas si on se repose un peu ici, avant de repartir ? »
« Pas du tout », répondit Mic.

« Dis donc, Mic », demanda Alain, « à quoi te servent toutes tes piques ? »
« Ben, je ne sais pas. À me défendre, sans doute. »
« À te défendre ? Mais tu sais bien que personne n'attaque jamais personne à Célapê, ni à Cétocilapê. À Yapalagaire non plus, d'ailleurs ! »

C'est vrai, se dit Mic. À quoi peuvent bien
me servir mes piques ?
Cette question se mit à le tracasser terriblement.
Il aurait voulu demander à Alain et Corentin
s'ils avaient une idée, mais ils étaient déjà repartis.
Alors Mic se mit en route, lui aussi.
Il partit à la recherche de quelqu'un
qui pourrait répondre à sa question.

La première personne qu'il rencontra
fut Jo l'escargot.
« À ton avis », lui demanda-t-il,
« à quoi servent mes piques ? »
« Je n'ai aucun doute. Elles sont là
pour être décorées ! » dit Jo
d'un ton enthousiaste.

Toute la famille de Jo décora les piques de Mic,
en lui chantant une petite chanson :

« Tu es Mic le porc-épic,
Tu te demandes à quoi servent tes piques.
Mais comme sapin de Noël
Tu es vraiment magnifique.
Ah, qu'est-ce qu'elles sont pratiques
Tes piques ! »

Mais Mic ne se sentait pas très à l'aise
avec toutes ces choses sur ses piques.
Alors il demanda poliment à Jo de les enlever,
et il s'en alla.
Il était un petit peu triste.

Plus loin, il rencontra Ninon, le cochon.
« À ton avis », lui demanda-t-il,
« à quoi servent mes piques ? »
Ninon, qui était très gourmand,
eut tout de suite une idée.

Sur chacune des piques de Mic, il accrocha des olives, de petits morceaux de gruyère et des tomates. Et il lui chanta une petite chanson :

«Tu es Mic le porc-épic,
Tu te demandes à quoi servent tes piques.
Mais c'est évident :
C'est pour les pique-niques !
Ah, qu'est-ce qu'elles sont pratiques
Tes piques ! »

Mais Mic ne se sentait pas très à l'aise avec ces olives et ces morceaux de gruyère sur ses piques.
Alors il demanda poliment à Ninon de les enlever, puis il reprit sa route.
Il se sentait un peu plus triste.

Plus loin, il rencontra Tef, une maman kangourou
dont les petits étaient couverts de poux.
Mic n'eut même pas le temps de lui poser sa question.
Tef s'écria :
« Mais c'est magnifique ! Regardez-moi toutes ces piques !
Tu dois être un peigne-poux fantastique ! »
Mic refusa de s'approcher. Il laissa Tef
se dépatouiller avec ses poux, et reprit son chemin.
Il se sentait un peu découragé.

Il changea de direction et rencontra Nat, le chat jardinier.
« Est-ce que tu sais à quoi servent mes piques ? » lui demanda-t-il.
« C'est évident », répondit Nat. « Elles servent à planter des graines. Regarde ! »
Aussitôt, il se saisit de Mic, le retourna et commença à faire des trous dans la terre avec ses piques.

Il était si content qu'il se mit à chanter :

«Tu es Mic le porc-épic,
Tu te demandes à quoi servent tes piques.
Mais pour planter des graines,
C'est la meilleure technique.
Ah, qu'est-ce qu'elles sont pratiques
Tes piques ! »

Mais Mic ne se sentait pas très bien, la tête à l'envers. Alors il demanda poliment à Nat de le remettre sur ses pieds et il partit aussitôt.

Il se sentait de plus en plus triste. Il savait à présent que ses piques pouvaient servir à beaucoup de choses… Mais aucune de ces choses ne l'intéressait.
Il marchait, perdu dans ses pensées, quand il entendit une petite voix.

« Bonjour ! »
C'était Lili, une petite renarde.
« Ah, bonjour ! » dit Mic.
« Tu as de très belles piques ! »
« Euh, merci ! »
« Est-ce que je peux me promener un peu avec toi ? »
demanda Lili en rougissant légèrement.
« Oh, oui ! » répondit Mic.

Ils se promenèrent si longtemps
qu'ils arrivèrent tout près de la rivière,
là où vivait Mic.
Mic emmena Lili tout en haut de la colline.
Ils s'installèrent à l'ombre du vieux chêne
et Mic se sentit très, très heureux.
Comme ses piques plaisaient beaucoup à Lili
et que Lili lui plaisait beaucoup,
il lui fit un bisou.

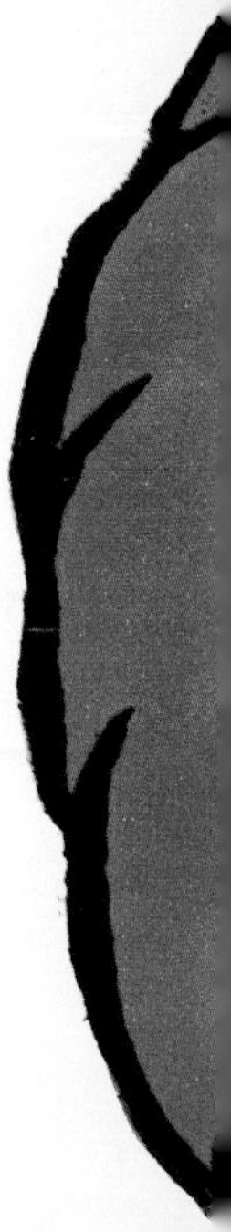

Quelques jours plus tard, Alain et Corentin, les deux frères lapins, vinrent à passer. Ils s'arrêtèrent sous le vieux chêne pour se reposer, et Alain demanda :
« Alors, Mic, as-tu trouvé à quoi servent tes piques ? »
« Elles servent à beaucoup de choses », répondit Mic. « À beaucoup, beaucoup de choses. Mais ce que je préfère, c'est quand elles ne servent à rien. »

« Comment ça ? » firent les deux lapins, surpris.
« Mes piques plaisent beaucoup à Lili, et moi, ça me suffit »,
répondit Mic. « Je suis très heureux comme ça. »
« Moi aussi », dit Lili.
Alain et Corentin trouvèrent que c'était très bien,
et ils rentrèrent chez eux.